# *Technik 4: Das Ziffern-Symbol-System*

Das Ziffern-Symbol-System ist eine Technik zum Erinnern von Ziffernfolgen.

Dazu wird jeder Zahl ein Symbol zugeordnet. Diese Symbole verknüpfen Sie dann, ähnlich wie bei der Geschichtentechnik, miteinander.

Nachfolgend ein Beispiel für eine Ziffern-Symbol-Zuordnung:

0: Ring
1: Einhorn
2: Schwan
3: Triangel
4: Auto
5: Hand
6: Würfel
7: Sieben Zwerge
8: Schleife
9: Kegel

## ZIFFERN-SYMBOL-SYSTEM

Die Symbole erinnern optisch an die Zahlen, für die sie stehen:

Die Form des **Rings** erinnert an die **Null**.

Das **Einhorn** hat **ein** Horn.

Der **Schwan** hat die Form einer **Zwei**.

Der **Triangel** hat **drei** Seiten.

Das **Auto** hat **vier** Räder.

Die **Hand** hat **fünf** Finger.

Der **Würfel** hat **sechs** Seiten.

Es sind **sieben Zwerge**.

Die **Schleife** hat die Form einer **Acht**.

Und die **Kegel**? Alle **Neune**!

## *Das Ziffern-Symbol-System: einige Beispiele*

Stellen Sie sich vor, Sie möchten folgende Ziffernfolge auswendig lernen: 8514. Die zugeordneten Symbole wären dann: Schleife, Hand, Einhorn und Auto.

Nun müssten Sie diese vier Bilder zu einer Geschichte zusammenfügen:

Eine rot gepunktete **Schleife** liegt in Ihrer **Hand**. Diese binden Sie einem **Einhorn** um sein Horn. Es steigt daraufhin stolz in sein **Auto** und fährt davon.

Versuchen Sie, sich dieses Bild vor Ihrem geistigen Auge vorzustellen: wie die Schleife in Ihrer Hand liegt und Sie sie dem Einhorn umbinden. Wie sieht das Einhorn mit der Schleife aus, wie fühlt es sich an? Und stellen Sie sich vor, wie das Einhorn dann stolz mit dem Auto davonbraust.
Es kommt nicht darauf an, dass die Geschichte möglichst realistisch oder sinnvoll ist. Achten Sie auf Ihre Assoziationen und spielen Sie mit ihnen. Was sehen Sie, wenn Sie zwei Begriffe miteinander verknüpfen?

## ZIFFERN-SYMBOL-SYSTEM

Noch ein Beispiel?

Morgen früh müssen Sie die Straßenbahn um 10.23 Uhr nehmen.

Wie wäre es nun mit dieser Geschichte:

Ein **Einhorn** trägt einen funkelnden **Ring** im Maul. Es gibt ihn einem **Schwan** und dieser spielt daraufhin auf einem **Triangel**.

Wenn Ihre Geschichte nun noch in einer Straßenbahn stattfindet, dann haben Sie den Kreis geschlossen!

## Ihre eigene Ziffern-Symbol-Zuordnung

Damit Sie gut mit dieser Technik arbeiten können, sollten Sie Ihre eigenen Symbole finden. Schreiben Sie nun die Ziffern Null bis Neun auf einen Zettel und zeichnen Sie Ihre Symbole daneben. Vielleicht sprechen Sie unsere Beispiele ja an, vielleicht haben Sie aber auch ganz andere Ideen und Assoziationen. Was fällt Ihnen ein, wenn Sie eine Zwei sehen oder eine Fünf?

Sie können sich auch Symbole aussuchen, die ähnlich klingen wie die Zahl. Das Symbol könnte sich zum Beispiel auf das Zahlwort reimen ...

Drei – Brei
Sechs – Hex(e)

... oder einfach nur ähnlich klingen:

Zwei – Zwiebel
Eins – Stein

## ZIFFERN-SYMBOL-SYSTEM

Wenn Sie den Ziffern Null bis Neun Symbole zugeordnet haben, sollten Sie diese lernen. Es ist wichtig, dass Sie die Symbole sofort mit den dazugehörigen Zahlen in Verbindung bringen.

Wiederholen Sie sie einige Male und legen Sie den Zettel dann zur Seite. Kennen Sie alle Symbole?

Machen Sie nach einer Stunde den Test. Sind Sie sicher? Dann können Sie die Technik nun mit Ihren eigenen Symbolen üben!

ZIFFERN-SYMBOL-SYSTEM

## *Los geht's!*

Stellen Sie sich vor, Sie müssten sich folgende Ziffernfolgen merken:

1) 35678
2) 4459
3) 2.8.1975

Denken Sie sich nun Geschichten zu diesen Zahlenfolgen aus. Stellen Sie sich die Situationen vor und spielen Sie mit Ihnen! Drehen Sie danach die Karte um!

## ZIFFERN-SYMBOL-SYSTEM

Welche Geschichten sind Ihnen eingefallen? Hatten Sie Schwierigkeiten, Ihre Symbole miteinander zu verknüpfen – oder war es ganz leicht?

Hier zeigen wir Ihnen ein paar Beispiele anhand unserer Zuordnung:

1) Ein **Triangel** spaziert im Park umher, als er plötzlich mit der **Hand** einen **Würfel** vom Boden aufhebt. Da kommen die **sieben Zwerge** schimpfend angelaufen, wobei der erste eine knallrote **Schleife** an seiner Zipfelmütze trägt.
2) Ein **Auto** fährt gegen ein zweites **Auto**. Der Fahrer macht eine unanständige Geste mit der **Hand** und wirft einen **Kegel** nach dem Fahrer.
3) Ein **Schwan** trägt eine prächtige schwarze **Schleife** am Hals und begrüßt das **Einhorn**, das gerade angeritten kommt. Es balanciert einen **Kegel** auf dem Kopf. Da kommen die **sieben Zwerge** angetrippelt und einer von ihnen winkt fröhlich mit der **Hand**.

Bei dieser Methode können Sie mal so richtig verrückt sein. Ihrer Fantasie werden keine Grenzen gesetzt. Wunderbar, oder?

ZIFFERN-SYMBOL-SYSTEM

## *Zahlen in der Stadt*

Üben Sie die Methode der Ziffern-Symbol-Zuordnung doch mal bei Ihrem nächsten Spaziergang durch die Stadt. Merken Sie sich dabei verschiedene Zahlen, die Ihnen begegnen: Autokennzeichen, Preisschilder und Hausnummern.

Finden Sie zu sämtlichen Zahlen Ihre eigenen Geschichten. Wiederholen Sie die Geschichten mehrmals, bis Sie wieder zu Hause sind!

## ZIFFERN-SYMBOL-SYSTEM

Wenn Sie sicher sein wollen, dass Sie zu einem späteren Zeitpunkt auch noch wissen, in welchen Zusammenhang die Zahl gehört, die Sie sich gemerkt haben, dann verknüpfen Sie sie inhaltlich damit.

**Ein Beispiel:** Sie wollen sich merken, dass in Deutschland pro Halbjahr 5,1 Milliarden Menschen den Linienverkehr mit Bussen und Bahnen nutzen – eine Schlagzeile, die Ihnen unterwegs an einem Kiosk aufgefallen ist.

**Stellen Sie sich folgende Geschichte vor:** In einer Bahn hält sich ein Mann erstaunt die **Hand** vor den Mund, weil plötzlich ein **Einhorn** an einer Haltestelle einsteigt.

## *Ihr Fahrplan*

Wir hatten ja versprochen, Ihnen zu zeigen, wie Sie sich eine komplexere Bus- oder Bahnverbindung merken können. Genau das wollen wir jetzt machen. Bitte einsteigen und Türen schließen!

Sie wollen von Berlin nach Recklinghausen fahren. Dazu müssen Sie zweimal umsteigen.

Und dies ist Ihre Zugverbindung:

Berlin Hauptbahnhof: 11.08 Uhr

Hannover: 13.09 Uhr

Osnabrück: 14.53 Uhr

Denken Sie sich zunächst zu jeder Stadt ein Symbol aus, dass Sie in Ihre Geschichte einfließen lassen. Und dann erfinden Sie Ihre Geschichte!

## ZIFFERN-SYMBOL-SYSTEM

Wir haben uns für folgende symbolische Begriffe entschieden:

Berlin = Bär

Hannover = Hantel

Osnabrück = Brücke

Und die Geschichte könnte so beginnen:

Ein *Bär* und ein **Einhorn** gehen spazieren, da treffen sie ein zweites **Einhorn**. Dieses lässt einen **Ring** solange um sein Horn kreisen, bis dieser sich in eine goldene **Schleife** verwandelt. Da fällt eine *Hantel* vom Himmel und das **Einhorn** nimmt sie mit dem Maul auf. Es läutet einen **Triangel**, woraufhin ein zweiter **Ring** aus seinem Maul fällt ...

Konnten Sie sich Ihre Geschichte gut merken? Dann wünschen wir Ihnen gute Fahrt!

## Schöner wohnen

Sie möchten neue Wohnzimmermöbel kaufen. Aus diesem Grunde befinden Sie sich nun in einem Möbelhaus und haben die Möbel Ihrer Träume bereits gefunden. Da es aber nie schaden kann, zu vergleichen, möchten Sie erst noch die Preise in einem zweiten Möbelhaus checken.

Merken Sie sich dazu diese Preise:

1) Sitzgruppe: 4459 €
2) Wohnzimmerschrank: 2480 €
3) Esstisch mit Stühlen: 3699 €

Denken Sie sich Geschichten zu den Ziffernfolgen aus und verknüpfen Sie diese mit den Möbeln, zu denen die Preise gehören!

## ZIFFERN-SYMBOL-SYSTEM

Jetzt warten Sie bitte eine halbe Stunde (bis Sie das nächste Möbelhaus erreicht haben). In der Zwischenzeit sollten Sie Ihre Geschichten immer mal wieder abrufen.

Versuchen Sie nun, sich an die Preise zu erinnern. Wissen Sie noch alle drei?

Fiel es Ihnen schwer, sich passende Geschichten auszudenken? Wir zeigen Ihnen mal eine Beispielgeschichte:

1) Ein kleiner Junge sitzt auf einer dunkelroten *Sitzgruppe* und spielt mit einem **Spielzeugauto**. Als das blaue **Auto** auf den Boden fällt, tastet der Junge mit seiner **Hand** nach dem Spielzeug. Verdutzt hebt er jedoch einen bunten **Kegel** auf, der schon seit Langem dort zu liegen scheint.

## *Ab in den Süden*

Sie fahren in den Urlaub! Endlich geht es los. So sieht Ihre Reiseplanung aus:

Taxi zum Flughafen: 7.15 Uhr

Abflug nach Palma: 10.23 Uhr

Abholung Transfer zum Hotel: 14.30 Uhr

Denken Sie sich eine sonnige Geschichte aus! Stellen Sie sich dabei vor, Sie würden unter der warmen Sonne Mallorcas liegen!

## ZIFFERN-SYMBOL-SYSTEM

Natürlich haben wir uns auch eine Geschichte ausgedacht. Und die geht folgendermaßen:

**Sieben Zwerge** fahren in einem *Taxi*, als plötzlich ein **Einhorn** in den Weg springt. Der Fahrer versucht, es mit der **Hand** wegzuscheuchen, denn ihr *Flieger* geht gleich. Das **Einhorn** zieht zum Glück weiter und schenkt ihnen als Entschuldigung einen **Ring**. Da watschelt ein **Schwan** auf die Straße und spielt gemütlich auf seinem **Triangel**, bis ein *Bus* vorbeikommt und er erschrocken abhaut. Da kommt das **Einhorn** in einem **Auto** angefahren. Es hebt den **Triangel** auf und spielt darauf, bis es den **Ring** wiederbekommt.

Und – kennen Sie Ihre Reisedaten noch?

Na dann, guten Flug!

## Willkommen in Düsseldorf

Sie machen eine Führung durch Düsseldorf und sind so begeistert von dieser Stadt, dass Sie sich unbedingt einige Daten und Fakten merken wollen. Leider haben Sie nichts zu schreiben dabei, aber zum Glück sind Sie ja mittlerweile ein Gedächtnisexperte. Los geht's:

1) Höhe des Rheinturms: 240 m

2) Erbauung des Schlossturms: 13. Jahrhundert

3) Bau der Rheinpromenade: 1993

Denken Sie sich eine schöne rheinische Geschichte zu diesen Daten aus!

## ZIFFERN-SYMBOL-SYSTEM

Wie gefällt Ihnen unser Beispiel?

Unterhalb eines *Turms* stand ein **Schwan** und beobachtete ein **Auto**, das in einiger Entfernung in einem riesigen **Ring** seine Kreise fuhr. Dann watschelte er zu einem wunderschönen *Schloss*, wo ein **Einhorn** auf einem silbernen **Triangel** spielte. Dieses galoppierte nun zum *Rhein*, wo ein zweites **Einhorn** bereits wartete. Ein **Kegel** hüpfte auf die beiden zu, gefolgt von einem zweiten **Kegel**. Und die beiden grüßten fröhlich und nahmen im Vorbeigehen den **Triangel** mit.

Von welcher Stadt, welchem Land oder welcher Sehenswürdigkeiten träumen Sie schon lange? Kommen Sie Ihrem Traumziel doch einen großen Schritt näher und lernen Sie die beeindruckendsten Zahlen und Fakten zu diesen Reisezielen auswendig!

## *Leider geschlossen!*

Damit Sie das nicht mehr lesen müssen, wenn Sie das nächste Mal mit einem Haufen Büchern bepackt vor Ihrer Stadtbücherei stehen, lernen Sie doch ganz einfach die Öffnungszeiten auswendig:

Mo: 12-16 Uhr
Di: geschlossen
Mi: 9-18 Uhr
Do: geschlossen
Fr: 9-18 Uhr
Sa: 10-13 Uhr
So: geschlossen

Am besten merken Sie sich nur die Tage, an denen die Bücherei geöffnet hat! Denken Sie sich für die Wochentage wieder Symbole aus, die Sie in Ihre Geschichte integrieren können!

## ZIFFERN-SYMBOL-SYSTEM

Dies sind unsere Symbole für die Wochentage:

Montag: Mond
Dienstag: Diener
Mittwoch: Milch
Donnerstag: Dose
Freitag: Friseur
Samstag: Samen
Sonntag: Sonne

Welche Assoziationen haben Sie, wenn Sie an die Wochentage denken? Auch diese Symbole sollten Sie in Ihrem Gedächtnis verankern. Man braucht sie immer wieder mal.

Welche Öffnungszeiten sind für Sie wichtig? Vielleicht besuchen Sie ja gar nicht die Bücherei, doch auch Arztpraxen, Theaterkassen, Restaurants und Geschäfte haben Öffnungszeiten. Schreiben Sie sich die wichtigsten Öffnungszeiten auf und erfinden Sie eine Geschichte, die Sie problemlos im Kopf behalten können!

# *Technik 5: Die Körperrouten-Technik*

Wenn Ihnen die Loci-Methode gefallen hat, dann werden Sie sicher auch an der Körperrouten-Technik Spaß haben. Auch hier bilden Routenpunkte die Basis, die aber dieses Mal nicht auf einem Weg liegen, sondern sich an Ihrem Körper befinden.

Nachfolgend ein Beispiel:

Fangen wir beim **rechten Fuß** an (1), gehen hoch zum **Knie** (2) und weiter in Richtung **Bauch** (3). Dann kommen die **linke Hand** (4) und die **linke Schulter** (5) an die Reihe. Es folgen der **Mund** (6), die **Nase** (7) und der **Kopf** (8). Zum Schluss geht es auf der rechten Körperhälfte weiter zum **rechten Ohr** (9) und zur **rechten Hand** (10).

## KÖRPERROUTEN-TECHNIK

Bei der Körperrouten-Technik werden einzelne Begriffe mit den Körperteilen assoziiert. Stellen Sie sich vor, Sie wollen sich folgende Begriffe merken:

:: Reisepass
:: Bodylotion
:: Fön
:: Lippenstift
:: Batterien

Ihre Geschichte könnte nun so aussehen: Sie klemmen sich den *Reisepass* zwischen die Zehen Ihres **rechten Fuß**es. (Stellen Sie sich das Bild vor, zum Beispiel, wie Sie dann auf einem Bein hüpfen müssen!) Sie reiben Ihr **rechtes Knie** mit duftender *Bodylotion* ein und binden sich den *Fön* am Kabel um den **Bauch**. Ihre **linke Hand** bemalen Sie mit *Lippenstift*, und auf der **linken Schulter** balancieren Sie die *Batterien*.

Wiederholen Sie die einzelnen Routenpunkte einige Male und stellen Sie sich dabei genau vor, wie sich die Objekte anfühlen, wie sie riechen, wie sie aussehen.

KÖRPERROUTEN-TECHNIK

## *Ihre eigene Körperroute*

Fertigen Sie jetzt eine Skizze Ihres Körpers an!

Markieren Sie auf dieser Skizze zehn Punkte in einer logischen Reihenfolge. Suchen Sie sich Ihre eigenen Punkte, mit denen Sie gut arbeiten können.

Nun sollten Sie Ihre Punkte einige Male wiederholen, bis Sie sie gut kennen. Dann drehen Sie die Karte um!

Und jetzt machen Sie erstmal eine gemütliche Konzentrationsübung. Drehen Sie dazu die Karte bitte um!

## KÖRPERROUTEN-TECHNIK

Setzen Sie sich jetzt in einen Sessel, in dessen Nähe sich eine Uhr befindet. Lauschen Sie dem Ticken dieser Uhr. Konzentrieren Sie sich darauf und auf nichts anderes. Fokussieren Sie Ihre Sinne nur auf dieses Geräusch! Wie lange schaffen Sie dies, ohne dass andere Gedanken Sie unterbrechen?

Ein Tipp zu dieser Konzentrationsübung: Betrachten Sie aufkommende Gedanken, Sorgen, Überlegungen als kleine Wolken und lassen Sie sie im Geiste vorüberziehen.

Versuchen Sie nun einmal, Ihre Routenpunkte in der richtigen Reihenfolge wiederzugeben. Ihre Skizze drehen Sie dazu um.

KÖRPERROUTEN-TECHNIK

## *Für Reisefreudige*

Wenn Sie das Gefühl haben, Ihre Routenpunkte gut zu kennen, dann können Sie die Körperrouten-Technik anhand dieser Liste üben:

:: Handtuch
:: Strandkorb
:: Reisebus
:: Denkmal
:: Reisetasche
:: Wörterbuch
:: Postkarte
:: Reiseleiter
:: Dom
:: Sandburg

Versuchen Sie, die folgenden Begriffe gedanklich mit Ihren Routenpunkten zu verknüpfen und wiederholen Sie Ihre Route einige Male. Drehen Sie die Karte dann um!

## KÖRPERROUTEN-TECHNIK

Schaffen Sie es, die Liste in der richtigen Reihenfolge wiederzugeben? Sind Ihnen Ihre Routenpunkte schon vertraut?

Fiel es Ihnen leicht, die Begriffe mit Ihren Routenpunkten zu verknüpfen? Oder brauchen Sie noch etwas Übung?

Vielleicht müssen Sie sich erst einmal daran gewöhnen, Ihre Fantasie frei spielen zu lassen. Es gibt unendlich viele Möglichkeiten: Hatten Sie einen Hut in Form eines Strandkorbs auf dem Kopf oder gar eine Postkarte im Mund, ein Wörterbuch unter dem Arm – oder haben Sie Ihren Reiseleiter huckepack getragen? Je verrückter das Bild, desto einprägsamer ist es auch!

## *Denksport für unterwegs!*

Machen Sie einen Spaziergang durch die Stadt. Achten Sie auf Dinge, die Ihnen merkwürdig vorkommen: ein besonders hässlicher Hund, eine schrill gekleidete Dame, eine ungewöhnliche Schaufensterdekoration oder eine außergewöhnliche Ware auf dem Wochenmarkt.

Versuchen Sie nun, zehn solcher Kuriositäten mithilfe der Körperroute im Gedächtnis zu behalten!

Schaffen Sie es, sich alle zu merken, bis Sie wieder zu Hause sind?

## KÖRPERROUTEN-TECHNIK

Erstaunlich, was man alles Lustiges entdeckt, wenn man darauf achtet, oder? Welches waren Ihre zehn Kuriositäten des Tages?

Vielleicht merken Sie, dass es nicht immer ganz einfach ist, Routenpunkte neu zu besetzen, weil Sie Ihren Reiseleiter noch an der Hand haben und er dort einfach nicht weg will – oder weil Sie den Käse von Ihrem Wocheneinkauf noch in der Hosentasche tragen.

Deshalb ist es ratsam, mit verschiedenen Methoden zu arbeiten. Versuchen Sie, ab und zu mal zwischen den Techniken zu wechseln!

## *Familienbesuch*

Sie wollen Ihren Sohn und seine Familie besuchen. Dazu müssen Sie heute letzte Besorgungen machen. Schaffen Sie es, diese Begriffe einen ganzen Tag lang im Gedächtnis zu behalten?

:: Schokolade
:: Parfüm (für die Schwiegertochter)
:: Gutscheine für den Zoo
:: Blumen
:: Pralinen
:: Braten (Sie wollen schließlich für alle kochen!)
:: Möhren
:: Kartoffeln
:: Holzbretter (Ihr Enkel baut gerne mit Ihnen.)
:: Leim

Mit der Körperroute kein Problem für Sie, oder?

## KÖRPERROUTEN-TECHNIK

Versuchen Sie nun immer wieder mal, diese Liste aufzuzählen. Sie werden überrascht sein, wie gut und wie lange Sie die Begriffe im Gedächtnis behalten.

**Übrigens:** Wenn Sie das nächste Mal Ihre Kinder, Enkel oder irgendwelche anderen jüngeren Menschen treffen, fordern Sie sie doch zu einem kleinen Gedächtnisduell heraus. Hier können Sie mit Ihren neuen Fähigkeiten beeindrucken. Ob sie es schaffen, mit Ihnen mitzuhalten?

KÖRPERROUTEN-TECHNIK

## *Es gibt immer etwas zu tun*

Sie planen Ihren nächsten Trip nach Paris. Und um gut vorbereitet zu sein, schreiben Sie nun alle Dinge auf, die Sie unbedingt unternehmen wollen.

Voilà, Ihre Liste:

:: *Mona Lisa* im Louvre sehen
:: Auf den Eiffelturm gehen – zu Fuß!
:: Eine Schifffahrt auf der Seine machen
:: Auf dem Montmartre herumschlendern
:: Shopping auf den Champs-Élysées
:: Im Auto selber um den Arc de Triomphe fahren
:: Notre-Dame besichtigen

Suchen Sie sich für alle Punkte einen symbolischen Begriff und merken Sie sich Ihre Liste mithilfe der Körperroute!

## KÖRPERROUTEN-TECHNIK

Und – hat Ihnen Ihr gedanklicher Trip durch Paris gefallen?

Alors – dann versuchen Sie doch mal, die Liste wiederzugeben!

Welches waren Ihre Begriffe? Die *Mona Lisa*, der Eiffelturm, ein Schiff, Sacré-Coeur, eine Handtasche, der Arc de Triomph und Notre-Dame wären unsere Ideen gewesen.

Genießen Sie die Möglichkeit, fortan alles in Ihrem Gedächtnis behalten zu können! Mit ein bisschen Übung werden Sie so schnell nichts mehr vergessen. Und Sie werden sich nie wieder ärgern, wenn Sie mal wieder keinen Kugelschreiber parat haben!

# *Finde den Weg!*

Sie möchten einen Bekannten besuchen. Da Sie noch nie bei ihm zu Hause waren, schauen Sie sich die Route zuvor im Internet an. Sie möchten sich die Straßen merken, die Sie dorthin führen, damit Sie keine Karte und auch keine Notizen mitnehmen müssen. Folgende Straßen sollten Sie entlangfahren:

1) Kölner Straße
2) Museumsstraße
3) Butterfeld
4) Hauptstraße
5) Amselgasse
6) Marienstraße
7) Rochusweg
8) Merkurallee

Suchen Sie sich nun zu jeder Straße einen Begriff, den Sie mit dem Straßennamen assoziieren. Jetzt legen Sie die acht Symbole in der richtigen Reihenfolge auf Ihrer Körperroute ab!

## KÖRPERROUTEN-TECHNIK

Versuchen Sie nun ...

1. Ihre acht Symbole in der richtigen Reihenfolge zu nennen und

2. sie wieder zu dekodieren. Welches waren die entsprechenden Straßennamen?

Hier zeigen wir Ihnen unsere Beispielsymbole: Kölner Dom, Gemälde, Butter, Hauptmann, Amsel, Marienkäfer, Heiliger, Planet.

Wenn Sie mal gar keinen inhaltlichen Bezug finden können, zum Beispiel, wenn die Straße Immerstraße heißt, dann suchen Sie nach lautlichen Ähnlichkeiten, zum Beispiel Imker. Hören Sie auf Ihre spontanen Assoziationen!

## *Noch mal zum Spaß!*

Wenn Ihnen die Körperrouten-Technik Freude bereitet, dann machen Sie doch nochmal diese Übung – einfach zum Spaß!

Merken Sie sich diese Dinge mithilfe der Körperroute und drehen Sie die Karte dann um!

Gartenzwerg
Straßenbahn
Zahnpasta
Schnecke
Löffel
Schornstein
Pfeife
Computer
Stuhl
Reifen

## KÖRPERROUTEN-TECHNIK

Zwei Begriffe haben die Position gewechselt. Welche sind es?

Gartenzwerg
Straßenbahn
Zahnpasta
Schnecke
Löffel
Pfeife
Schornstein
Computer
Stuhl
Reifen

Haben Sie es herausgefunden?

Die Körperroute eignet sich hervorragend dazu, sich bis zu zehn Begriffe schnell und zuverlässig zu merken. Für mehr Begriffe eignet sich eher die Loci-Methode oder die Geschichtentechnik.

## *Noch ein paar Fragen ganz zum Schluss ...*

Könnten Sie uns bitte noch einmal Ihre Märchenwald-Geschichte erzählen? Was wollten Sie in der Stadt noch gleich erledigen? Welche Daten mussten Sie sich für Ihre Zugverbindung von Berlin nach Osnabrück merken? Und wie lautet Ihre EC-Karten-PIN?

Erstaunlich, oder?

Machen Sie eine Liste mit Situationen, in denen Ihr Gedächtnis Sie im Stich lässt: Vergessen Sie plötzlich wichtige Telefonnummern, die Sie eben noch gewusst haben? Ist es Ihnen auch schon mal passiert, dass Sie, als Sie in der Stadt angekommen sind, nicht mehr wussten, was Sie eigentlich dort alles zu erledigen hatten? Stehen Sie öfter im Hotelzimmer und fragen sich, warum Sie keinen Schlafanzug eingepackt haben?

Das geht wohl den meisten so! Überlegen Sie nun konkret, wie Sie die eine oder andere Situation mit den erlernten Methoden des Gedächtnistrainings vermeiden können! Bilden Sie Sätze aus den wichtigsten Telefonnummern, erzählen Sie Geschichten, die von den Dingen handeln, die auf jeden Fall immer in Ihrem Koffer landen sollten, bevor Sie verreisen – und merken Sie sich Ihre To Dos und Einkaufslisten mit den Routentechniken (Loci-Methode und Körperroute).

Wir hoffen, Ihnen haben unsere kleinen Gedächtnisübungen Spaß gemacht! Versuchen Sie, die in diesem Kartenset vorgestellten Methoden immer mal wieder anzuwenden – im Stau, im Bus, in der Bahn oder im Flugzeug, beim Spaziergang, wo auch immer Sie sich gerade befinden!

# Impressum

50 Schritte zum besseren Gedächtnis - unterwegs
ISBN 978-3-89777-663-0


Arnoldstraße 13d
47906 Kempen
www.moses-verlag.de



Text: Nicola Berger
Lektorat: Elke Vogel
Gestaltung und Satz: Pohl & Rick, Düsseldorf
Herstellung: Linda Dörk
Produktmanagement: Maja Kuß
Coverfotos: © Kurhan/Fotolia.com,
rdnzl/Fotolia.com,
spotmatikphoto/Fotolia.com

Printed in China

AUSSERDEM IN DIESER REIHE ERSCHIENEN:

**IM ALLTAG**

ISBN 978-3-89777-662-3

**AKTIV**

ISBN 978-3-89777-664-7

Noch mehr praktische Übungen für ein besseres Gedächtnis!

je 50 Karten
€ 12,95 (D)/ € 13,40 (A)

# *Technik 3: Die Loci-Methode*

Die Loci-Methode eignet sich besonders gut, wenn Sie sich Begriffe in einer bestimmten Reihenfolge merken wollen. Zunächst brauchen Sie dazu einen Ihnen bekannten Weg, zum Beispiel der Weg zu Ihrem Supermarkt, Ihr liebster Spazierweg, der Weg zu Ihrem Postamt oder Arbeitsplatz. Welchen Weg Sie sich auch aussuchen, er sollte Ihnen vertraut sein.

Auf diesem Weg werden markante Routenpunkte in einer logischen Reihenfolge festgelegt. Diese Routenpunkte müssen erst einmal verinnerlicht werden. Dazu ist es hilfreich, eine Skizze anzufertigen. Sie könnten den Weg auch zunächst abgehen, später wird er dann vor dem geistigen Auge visualisiert.

## LOCI-METHODE

Ein Beispiel wird Ihnen zeigen, wie eine solche Route aussehen könnte:

Nehmen wir den Weg zum Supermarkt: Sie gehen aus der **Haustür** hinaus (Routenpunkt 1), zu Ihrem **Gartentor** (2) und am **Haus Ihrer Nachbarn** (3) vorbei. Am **Briefkasten** (4) angelangt sehen Sie schon Ihren **Bäcker** (5) und die **Metzgerei** (6). Die alte **Eiche** (7) steht an der Ecke und daneben befindet sich Ihre Lieblings**parkbank** (8). Sie laufen unter der **Brücke** hindurch (9) und stehen vor dem **Supermarkt** (10).

Diese Route bleibt immer gleich. Deshalb ist es wichtig, dass Sie sich Ihre ganz eigenen Routenpunkte festlegen, die Sie gut verinnerlichen können.

## Die Loci-Methode – ein Beispiel

Jetzt haben Sie also Ihre Route mitsamt Routenpunkten festgelegt und wollen damit arbeiten. Stellen Sie sich vor, Sie wollten sich folgende Begriffe merken:

:: Sauerkraut
:: Kreide
:: Schuh
:: Engel
:: Putzlappen

Gehen Sie Ihre Route mental ab und legen Sie die zu erinnernden Begriffe bei Ihren Routenpunkten ab. Wie bei der Geschichtentechnik müssen Sie versuchen, sich eine Verknüpfung auszudenken. Schauen Sie sich ein Beispiel auf der Rückseite dieser Karte an ...

## LOCI-METHODE

Sie gehen aus der **Haustür** und sehen, dass *Sauerkraut* auf Ihrer Fußmatte verteilt ist. (Stellen Sie sich ruhig auch mal den Geruch vor!) Das **Gartentor** ist mit *Kreide* beschmiert und das **Haus Ihrer Nachbarn** hat auf einmal die Form eines Riesen*schuhs*. Am **Briefkasten** wirft ein weißer *Engel* gerade einen Brief ein und die **Bäckerei**fachverkäuferin wischt die Brötchen mit einem *Putzlappen* ab.

Stellen Sie sich alles genau vor und spielen Sie mit den Begriffen und Bildern. Geben Sie Ihrer Kreativität die Möglichkeit, ein bisschen zu spinnen!

# *Ihr eigener Weg*

Suchen Sie sich nun Ihren persönlichen Weg aus – auf einem Spaziergang, einer Radtour oder während einer Autofahrt. Da die Strecke immer gleich bleiben sollte, lassen Sie sich ein bisschen Zeit und überlegen Sie, welcher Weg sich eignen könnte.

Machen Sie eine Skizze Ihres Weges!

## LOCI-METHODE

Und nun markieren Sie Ihre Routenpunkte in Ihrer Skizze. Zunächst sollten sich zehn Routenpunkte auf diesem Weg befinden, aber Sie können den Weg später beliebig erweitern. Visualisieren Sie die Route mit den Punkten vor Ihrem geistigen Auge, gehen Sie den Weg einige Male ab.

Wiederholen Sie dies so lange, bis Ihnen Ihr Weg und die markanten Punkte sehr vertraut sind.

Später können Sie sich auch noch weitere Wege aussuchen und die Routen miteinander verknüpfen, aber zunächst üben wir die Methode mit Ihrer ersten Route.

## *Reiselust*

Versuchen Sie nun, sich diese Begriffe aus der Kategorie „Urlaubsgefühle“ mithilfe der Loci-Methode zu merken:

:: Muschel
:: Strandmatte
:: Berg
:: Pool
:: Cocktail
:: Wanderschuh
:: Bus
:: Hotel
:: Badehose
:: Sonnenhut

Spielen Sie zunächst mit den Begriffen: Wie sehen sie aus, wie fühlen sie sich an, wie schmecken und riechen sie? Was kann man damit machen? Und jetzt visualisieren Sie Ihre Route und verknüpfen Sie die Begriffe mit den Routenpunkten.

## LOCI-METHODE

Nun versuchen Sie, Ihre Route noch einmal in Gedanken abzugehen. Erinnern Sie sich an alle Dinge, die Sie an den einzelnen Routenpunkten abgelegt haben?

Sind Sie überrascht? Fiel es Ihnen leicht, die Technik anzuwenden? Ist Ihnen Ihre Route bereits vertraut? Vielleicht stellen Sie fest, dass Sie noch ein bisschen Übung brauchen, bis Sie ganz sicher mit der Loci-Methode arbeiten können. Wenn man aber einmal mit dieser Technik und seiner persönlichen Route vertraut ist, dann funktioniert sie ganz schnell und intuitiv – Sie werden sehen!

Der Vorteil der Methode ist, dass man die Routen beliebig erweitern kann. So können Sie sich eine Vielzahl von Begriffen auch langfristig merken!

## *Shopping-Tour*

Lassen Sie uns doch mal so richtig schön shoppen gehen! Hier ist Ihre Shopping-Liste! Einen Zettel benötigen Sie nicht, denn Sie beherrschen ja die Loci-Methode. Viel Spaß!

:: Sommerhosen
:: Parfüm
:: Handtasche
:: Sandalen
:: Speicherkarte für den Fotoapparat
:: Zeitschrift
:: Blumenzwiebeln
:: CD
:: Wein
:: Kochbuch

Lernen Sie diese Liste mithilfe der Loci-Methode auswendig!

## LOCI-METHODE

Und? Erinnern Sie sich an alles, was Sie sich gönnen wollen?

Wenn Sie das nächste Mal in die Stadt gehen, seien Sie mutig! Probieren Sie es aus und behalten Sie Ihre Shopping-Liste im Kopf!

Wie bei der Geschichtentechnik gilt auch hier: Je verrückter die Bilder, die Sie vor Ihrem geistigen Auge entstehen lassen, desto besser werden Sie sich später an die Begriffe erinnern können.

Lassen Sie die Hose am Gartenzaun flattern und Ihre Handtasche auf der Parkbank liegen oder verschütten Sie das teure Parfüm an der Straßenecke. Kreieren Sie Bilder, die prägnant sind und sich in Ihr Gedächtnis brennen.

## *Erledigungen*

Dies ist Ihre To-do-Liste für Ihre Tour in die Stadt. Lernen Sie die Punkte in dieser Reihenfolge, damit Sie keine Umwege machen müssen!

:: Augenarzttermin
:: Brille beim Optiker bestellen
:: Termin beim Kosmetiker machen
:: Tochter besuchen
:: Geburtstagsgeschenk für Freundin besorgen
:: Einladungen für den Osterbrunch ausdrucken
:: Wochenendeinkauf erledigen

Hier müssen Sie sich zu jedem Punkt einen vorstellbaren Begriff ausdenken. Viel Spaß!

## LOCI-METHODE

Welche Begriffe haben Sie sich ausgesucht?

Wie wäre es mit einem Auge für den Augenarzt, einer Brille für den Optiker, einer Puderdose beim Kosmetiker, Ihrer Tochter, einem Geschenk, einem Osterhasen und einem Einkaufswagen?

Sie werden sehen, dass Sie die Begriffe automatisch wieder mit den einzelnen Punkten auf Ihrer Liste verknüpfen, wenn Sie sie abrufen.

## *Ab in den Urlaub!*

Kurz vor dem Start in den Urlaub – Sie liegen gerade gemütlich in der Badewanne – fällt Ihnen ein, dass Sie noch so manches in den Koffer packen müssen. Wie gut, dass Sie die Loci-Methode kennen!

:: Unterwäsche
:: Duschgel
:: Sonnenmilch
:: Sonnenbrille
:: Reiseführer
:: Zahnpasta
:: Flip-Flops
:: Reisetabletten
:: Flugtickets
:: Sporthose
:: Sportschuhe
:: Kaugummis
:: Adressbuch
:: Zeitschriften

Ihre Routenpunkte reichen nicht aus? Dann wäre das doch jetzt ein schöner Anlass, um Ihre Route zu erweitern!

## LOCI-METHODE

Suchen Sie sich zunächst weitere Punkte auf Ihrer Route aus! Sie können entweder zwischen die bereits bestehenden Routenpunkten neue Punkte setzen – oder Sie verlängern Ihre Route, indem Sie am Ende der alten Route neue Punkte hinzufügen. Sie könnten sich auch eine zweite Route ausdenken und die Routen dann miteinander verknüpfen.

Eine zweite Route hat den Vorteil, dass Sie die erste nicht so häufig neu besetzen müssen. Manchmal ist es mühsam, die Würstchen, die man gestern für den Einkauf auf den Zaun gespießt hat, mental wieder zu löschen, um den Zaun neu zu besetzen. Hier kann eine zweite Route hilfreich sein.

Wie auch immer – machen Sie sich mit Ihren neuen Routenpunkten vertraut und erproben Sie sie mit der Urlaubsliste!

## *Auf Reisen*

Sie machen eine Städtetour und werden in den kommenden zwei Wochen folgende europäische Städte besuchen:

1) Berlin
2) Prag
3) Wien
4) Venedig
5) Mailand
6) Paris
7) Brüssel
8) Amsterdam

Suchen Sie sich zu jedem Reiseziel einen erinnerbaren Begriff aus, zum Beispiel den Eiffelturm zu Paris oder ein paar Schuhe zu Mailand, und lernen Sie Ihre Reiseziele auswendig!

## LOCI-METHODE

Da haben Sie sich ja ganz schön was vorgenommen! Kennen Sie noch sämtliche Ziele?

Es war sicher nicht schwierig, sich zu jeder Stadt einen passenden Begriff auszudenken. Schwieriger wird es, wenn die Stadt, die Sie sich merken wollen, kein besonderes Wahrzeichen hat. Stellen Sie sich vor, Sie wollten sich die Stadt Mehlheim vorstellen. Hier könnten Sie den Namen mit Mehl assoziieren. Eine Stadt namens Schweinsdorf könnte den Begriff Schwein erhalten usw. Wonach klingt der Name? Woran erinnert er Sie?

## *Die Loci-Methode: Was bringt sie mir?*

Sind Sie auch schon öfter noch einmal nach Hause zurückgegangen, um nachzuschauen, ob das Bügeleisen auch wirklich ausgesteckt und der Herd ausgeschaltet ist? Wie oft standen Sie schon in der Stadt und haben Ihr Handy, Ihr Portemonnaie oder Ihre Autopapiere vergessen?

Das passiert wohl jedem mal!

Mit der Loci-Methode können Sie solche Missgeschicke vermeiden. Schreiben Sie jetzt alle Situationen auf, in denen Sie die Loci-Methode für sich anwenden könnten.

## LOCI-METHODE

- :: Checkliste: Ich verlasse das Haus
- :: Checkliste: Was gehört in meine Handtasche
- :: Checkliste: Ich fahre in den Urlaub
- :: Checkliste: Ich gehe einkaufen, was nehme ich mit (Korb, Leergut, alte Batterien ...)

Schreiben Sie sich Ihre ganz persönlichen Checklisten und lernen Sie sie mit der Loci-Methode oder der Geschichtentechnik auswendig!

Sie werden sehen: Es ist ganz einfach und wirklich hilfreich!

## *Lust auf ein Spiel?*

Lernen Sie mit der Loci-Methode folgende Begriffe auswendig. Es sind alles Dinge, die Ihnen in der Stadt begegnen könnten. Sie haben fünf Minuten Zeit!

:: Polizeiauto
:: Kinderwagen
:: Hund
:: Taube
:: Brunnen
:: Roller
:: Ladendieb
:: Schal
:: Kasse
:: Postbote
:: Fahrrad
:: Ball
:: Portemonnaie
:: Eis
:: Kette
:: Oma
:: Parkhaus

Dann drehen Sie die Karte um!

## LOCI-METHODE

Welche zwei Dinge sind hinzugekommen?

:: Polizeiauto
:: Kinderwagen
:: Hund
:: Taube
:: Brunnen
:: Maus
:: Roller
:: Ladendieb
:: Schal
:: Kasse
:: Postbote
:: Fahrrad
:: Ball
:: Portemonnaie
:: Eis
:: Kette
:: Oma
:: Brot
:: Parkhaus

# Technik 2: Die Geschichtentechnik

Die Geschichtentechnik ist eine ganz einfache Methode, die Sie sicher im Handumdrehen beherrschen werden. Zudem ist sie äußert kreativ und macht auch noch richtig Spaß.

Mit der Geschichtentechnik können Sie sich eine Reihe von Gegenständen merken, indem Sie sie so miteinander verknüpfen, dass eine Geschichte entsteht. Dazu stellen Sie sich den Begriff, an den Sie sich erinnern möchten, zunächst einmal vor und beschäftigen sich vor Ihrem geistigen Auge mit ihm. Einen Apfel könnten Sie zum Beispiel in der Hand halten, die glatte Oberfläche berühren, ihn pflücken, waschen oder hineinbeißen. Stellen Sie sich vor, wie der Apfel schmeckt.

Angenommen, Sie wollen sich diese fünf Begriffe merken:
:: Apfel
:: Auto
:: Ameise
:: Kugelschreiber
:: Mütze
Auf der Rückseite stellen wir Ihnen mal eine Beispielgeschichte vor ...

## GESCHICHTENTECHNIK

Sie pflücken einen knallroten **Apfel** von einem Baum und beißen genüsslich hinein. Mit dem Apfel setzen Sie sich in Ihr **Auto** und wollen losfahren. Doch eine riesige **Ameise** steht direkt vor Ihrem Auto und versperrt den Weg. Sie suchen nach einem **Kugelschreiber** und werfen diesen aus dem Auto, um die Ameise zu treffen. Doch Sie erwischen nur ihre **Mütze**, die von ihrem Kopf kullert.

Verrückt? Aber einprägsam, oder? Möchten Sie der Geschichte neue Begriffe hinzufügen, wiederholen Sie ganz einfach die Geschichte jedes Mal aufs Neue: So prägt sie sich am besten in Ihr Gedächtnis ein. Probieren Sie es aus!

## *Im Märchenwald*

Sie machen einen Spaziergang durch den Märchenwald. Und dort begegnen Ihnen:

:: Schneewittchen
:: Ein Wolf
:: Ein Schloss
:: Eine Hexe
:: Ein Hase
:: Ein Zwerg
:: Ein Schatz
:: Ein Prinz
:: Ein Schlüssel
:: Eine Höhle

Stellen Sie sich alle Begriffe zunächst vor und beschäftigen Sie sich im Geiste mit ihnen!

Und jetzt erfinden Sie Ihre eigene Geschichte, mit der Sie sich die Begriffe merken können! Denken Sie daran, die Geschichte bei jedem neuen Begriff zu wiederholen!

## GESCHICHTENTECHNIK

Und? Können Sie nun alle zehn Begriffe nennen? Verblüffend, nicht wahr?

Fiel es Ihnen schwer, die Begriffe zu einer Geschichte zusammenzufügen?

Hier unser Vorschlag:

**Schneewittchen** spaziert durch den Wald und trifft auf einen gefährlich knurrenden **Wolf**. Er führt sie zu einem **Schloss**. Schneewittchen klopft an die Tür und eine böse, alte **Hexe** öffnet ihr. Auf der Schulter der Hexe sitzt ein **Hase** und auf ihrem Schuh schläft ein kleiner **Zwerg** und schnarcht. Sie gehen in eine Halle, in der sich ein **Schatz** befindet. Da kommt ein **Prinz** zur Tür herein, zieht einen **Schlüssel** aus der Tasche und öffnet die Truhe. Dann sperrt er die Hexe in eine dunkle **Höhle**.

Happy End!

GESCHICHTENTECHNIK

## *Einkaufen ohne Zettel*

Stellen Sie sich vor, Sie haben Ihren Einkaufszettel verlegt, unterwegs verloren oder einfach zu Hause vergessen. Ärgerlich? Nicht, wenn Sie Ihren Einkaufszettel auch im Kopf abgespeichert haben!

Machen Sie den Test und merken Sie sich folgende Dinge, die Sie heute aus dem Supermarkt brauchen:

- Marmelade
- Kekse
- Orangen
- Gurke
- Tee
- Müsli
- Würstchen
- Baguette
- Buttermilch
- Quark

**Denken Sie daran:** Ihre Geschichte muss nicht sinnvoll sein! Die verrücktesten Bilder bleiben uns am ehesten im Gedächtnis!

## GESCHICHTENTECHNIK

Wie viele Lebensmittel können Sie nun aufzählen, ohne die Karte umzudrehen?

Hat Ihr Gast Marmelade auf die Kekse geschmiert – oder saß vielleicht eine grinsende Gurke teetrinkend am Tisch und hat Müsli gelöffelt? Haben Sie Ihr Baguette zur Abwechslung mal mit Buttermilch und Quark belegt?

Und jetzt versuchen Sie es doch mal mit Ihrer eigenen Einkaufsliste! Erfinden Sie eine spannende oder lustige Geschichte, in der sämtliche Lebensmittel, die Sie einkaufen möchten, vorkommen – und trauen Sie sich ohne Liste aus dem Haus! Auf dem Weg sollten Sie Ihre Geschichte öfters wiederholen!

GESCHICHTENTECHNIK

## *Spaziergang*

Begriffe im Gedächtnis zu behalten ist sicher schon bald ein Spaziergang für Sie! Apropos Spaziergang: Machen Sie doch mal einen, und zwar einen richtig langen!

Suchen Sie sich dabei Dinge aus, die Sie bis zu Hause im Kopf behalten möchten: ein Tier, eine Pflanze, einen Gegenstand, ein Fahrzeug – was auch immer Ihnen unterwegs begegnet.

Stellen Sie sich vor, wie die Dinge von allen Seiten aussehen und sich anfühlen. Berühren Sie sie vor Ihrem geistigen Auge. Was kann man damit machen, wie schmecken sie, wie riechen sie?

Erfinden Sie dann eine Geschichte und verknüpfen Sie so möglichst viele Begriffe miteinander!

## GESCHICHTENTECHNIK

Sind Sie wieder zu Hause? Fallen Ihnen alle Begriffe wieder ein? Wie viele konnten Sie sich auf diese Weise merken? Welche konnten Sie leicht miteinander assoziieren, welche haben Ihnen vielleicht Schwierigkeiten bereitet?

Wenn Sie an die Gegenstände, Tiere, Menschen oder Pflanzen denken, fällt Ihnen dann auch ein, wo Sie sie gesehen haben? Wie sah die Umgebung aus? Waren andere Menschen in der Nähe? Welche Geräusche haben Sie dort vernommen? Versuchen Sie, Ihren Spaziergang im Geiste noch einmal zu wiederholen!

GESCHICHTENTECHNIK

## *Unterwegs in der Stadt*

Sie haben heute viel vor! Folgende Dinge möchten Sie in der Stadt erledigen:

1) Hose zum Schneider bringen
2) Briefmarken bei der Post kaufen
3) Termin beim Anwalt
4) Volkshochschulprogramm besorgen
5) Theatertickets abholen
6) Winterjacke kaufen
7) Monatsticket kaufen

Um sich diese Punkte zu merken, müssen Sie jedem zunächst einen vorstellbaren Begriff zuordnen. Zum Beispiel: Ihr Begriff zu 1) könnte „Hose" sein, zu 2) „Briefmarke" usw. Probieren Sie es selbst einmal aus!

Und dann konstruieren Sie Ihre eigene Geschichte, die Sie auf dem Weg in die Stadt natürlich einige Male wiederholen!

## GESCHICHTENTECHNIK

Welche Begriffe haben Sie sich ausgedacht? Unsere Vorschläge lauten:

1) Hose
2) Briefmarke
3) Richter
4) Yoga-Matte (je nachdem, welche Kurse Sie bei der VHS besuchen möchten)
5) Vorhang
6) Jacke
7) Bus

Wichtig ist, dass Sie sich Ihre ganz eigenen Begriffe suchen. Es müssen Begriffe sein, die Sie direkt mit den zu erinnernden Punkten in Verbindung bringen!

Trauen Sie sich, das nächste Mal in die Stadt zu gehen, ohne sich Ihre Erledigungen auf einen Zettel zu notieren?

GESCHICHTENTECHNIK

## *Reiseplanung*

Sie sind auf dem Weg in Ihr Reisebüro. Natürlich haben Sie weder Zettel noch Stift dabei. Und nun fallen Ihnen einige Dinge ein, die Sie unbedingt fragen wollen, bevor Sie Ihre Afrika-Safari buchen:

1) Welche Impfungen sind nötig?
2) Brauche ich einen Reisepass?
3) Wie viel Gepäck darf ich mitnehmen?
4) Was kostet eine Reiserücktrittsversicherung?
5) Wie viele Stunden vor Abflug muss ich am Flughafen sein?

Können Sie sich diese Fragen mithilfe der Geschichtentechnik merken? Überlegen Sie sich wieder zu jeder Frage einen vorstellbaren Begriff!

## GESCHICHTENTECHNIK

Herzlich willkommen in Ihrem Reisebüro! Haben Sie noch Fragen zu Ihrer Afrika-Safari?

Und? Konnten Sie alle Fragen im Gedächtnis behalten? Hier unsere Ideen für die vorstellbaren Begriffe:

1) Spritze
2) Pass
3) Koffer
4) Gips
5) Flughafen

Und so lautet die dazugehörige Geschichte:

Sie bekommen eine **Spritze** beim Arzt und geben ihm Ihren Impf**pass**. Diesen legen Sie anschließend in Ihren **Koffer** und haben dann aber Schwierigkeiten, ihn wieder zu schließen, weil Sie nämlich einen **Gips** am Arm tragen. Endlich haben Sie es dennoch geschafft und machen sich auf den Weg zum **Flughafen**.

Haben Sie bemerkt, dass Sie sofort wieder wissen, für welche Fragen Ihre Begriffe stehen?

## *Auf Expeditionsreise*

Begeben Sie sich auf eine spannende Expedition durch Ihre Stadt oder durch Ihr Dorf und finden Sie folgende Dinge:

1) Vogel
2) Kind
3) Fahrrad
4) Blume
5) Frucht
6) Papierkorb
7) Garage
8) Motorrad
9) Stoppschild
10) Katze

Aber diese Karte nehmen Sie natürlich nicht mit! Lernen Sie die Begriffe mithilfe der Geschichtentechnik und machen Sie sich dann auf – egal ob zu Fuß oder mit dem Rad!

## GESCHICHTENTECHNIK

Wieder da? War Ihre Expedition erfolgreich? Welche Dinge haben Sie gefunden – und welche nicht?

Machen Sie ein Experiment und wiederholen Sie Ihre Geschichte noch einmal in einer Stunde, am nächsten und am übernächsten Tag. Wenn Sie erneut einen Spaziergang oder eine Radtour machen, können Sie sich dann noch an alles erinnern?

Sie werden staunen!

## *Nur zum Spaß!*

Und nun eine kleine Übung für zwischendurch, zum Beispiel für Ihre nächste Bus- oder Zugfahrt: Merken Sie sich die folgenden Begriffe und drehen Sie die Karte dann um!

:: Hund
:: Teller
:: Erdbeere
:: Wolke
:: Hering
:: Schneeball
:: Flasche
:: Bohne
:: Ball
:: Reifen
:: Biene
:: Buch

GESCHICHTENTECHNIK

Können Sie nun sagen, welche drei Begriffe hier fehlen?

:: Ball
:: Wolke
:: Hund
:: Hering
:: Teller
:: Reifen
:: Schneeball
:: Bohne
:: Biene

Solche Übungen regen spielerisch Ihre grauen Zellen an – und machen auch noch Spaß!

## *Nächster Halt …*

Dies sind die Haltestellen bis zu Ihrer Station. Können Sie sich alle merken?

1) Stadtwald
2) Hauptbahnhof
3) Bonner Straße
4) Bergstraße
5) Konradallee
6) Turmweg
7) City-Center
8) Merkurplatz
9) Robertstraße

Stellen Sie sich zu jeder Straße wieder einen Begriff vor!

## GESCHICHTENTECHNIK

Was verbinden Sie mit den unterschiedlichen Namen? Hier unsere Assoziationen:

1) Wald
2) Bahn
3) Rhein
4) Berg
5) Allee
6) Turm
7) Einkaufszentrum
8) Planet
9) Robbe

Ihre Geschichte könnte so beginnen:
Durch einen **Wald** fährt unsere **Bahn** und muss halten, weil der **Rhein** über die Schienen fließt. Sie fährt zurück und hält vor einem großen **Berg**, der ebenfalls auf den Schienen steht. Die Weichen werden umgestellt und jetzt fährt sie eine wunderschöne **Allee** entlang, an einem märchenhaften **Turm** vorbei bis hin zu unserem liebsten **Einkaufszentrum** ...

Denken Sie sich doch mal eine Geschichte zu Ihren Haltestellen aus, während Sie das nächste Mal mit dem Bus oder der Bahn fahren!

## *Im Stau*

Die Geschichtentechnik erfordert ein wenig Kreativität und Vorstellungsvermögen, macht aber sehr viel Spaß!

Nutzen Sie freie Zeit, Wartezeiten, Spaziergänge oder Radtouren und üben Sie die Technik immer mal wieder. Sie werden sehen: Es wird Ihnen schnell leichter fallen!

Und wenn Sie das nächste Mal im Stau stehen, haben wir noch ein lustiges Spiel für Sie. Schauen Sie doch einfach einmal auf der Rückseite dieser Karte nach ...

## GESCHICHTENTECHNIK

Ob Sie alleine, zu zweit oder zu fünft sind – bei diesem Spiel vergeht die Zeit wie im Flug.

Der erste Spieler nennt einen Begriff und beginnt damit eine Geschichte. Der zweite Spieler nennt einen anderen Begriff, wiederholt die Geschichte und baut seinen Begriff mit ein! Der dritte Spieler nennt einen weiteren Begriff, wiederholt die gesamte Geschichte und erweitert sie, indem er seinen Begriff einfügt.

Wenn einem ein Begriff nicht mehr einfällt, helfen die anderen. Wie viele Begriffe können Sie sich so gemeinsam merken?

Viel Spaß!

## *Einführung*

Reisen Sie gerne? Kennen Sie sich im Bereich Geografie aus? Nennen Sie doch mal spontan alle Ostfriesischen Inseln!

Mit diesem Merksatz wird Ihnen das in Zukunft leichtfallen:

**Borkum, Juist und Norderney,**
**dann Baltrum in der Mitte sei,**
**Langeoog, Spiekeroog und Wangerooge schließen dann,**
**in alphabetischer Folge an.**

Lernen Sie den Satz doch einfach mal auswendig!

Aber um Ihr Gedächtnis zu trainieren, müssen Sie nicht gleich bis nach Ostfriesland reisen! Auf diesen 50 Karten stellen wir Ihnen die einfachsten und praktischsten Erinnerungstechniken sowie jeweils einige Aufgaben vor, mit denen Sie diese üben können – beim Spaziergang, in der Stadt oder beim Einkaufen.

Viel Spaß!

## *Technik 1: Die Zahlen-Satz-Methode*

Sie sind kein „Zahlenmensch“? Es fällt Ihnen schwer, sich Zahlen zu merken? Bald nicht mehr! Wir zeigen Ihnen nämlich, wie Sie Zahlen in Sätze umwandeln können – ganz einfach!

Bei dieser Technik geht es nicht nur um einen Satz, sie ist auch in nur einem Satz erklärt:
Bilden Sie einen Satz, dessen Wörter so viele Buchstaben haben wie die Zahlen der Ziffernfolge, die Sie sich merken wollen!

Brauchen Sie ein Beispiel? Dann schauen Sie mal auf der Rückseite nach!

## ZAHLEN-SATZ-METHODE

Angenommen, Sie möchten sich die Zahlenfolge 349 merken. Dann wäre ein möglicher Merksatz: Ich gehe spazieren.

Die Anzahl der Buchstaben der Wörter in diesem Satz entspricht den Zahlen Ihrer Ziffernfolge:
Ich (3 Buchstaben)
gehe (4 Buchstaben)
spazieren (9 Buchstaben)

Haben Sie eine 1 in der Ziffernfolge, dann nehmen Sie sie zusammen mit der Zahl, die dahintersteht:
1234
Drachenzähne mag Hans.

Die Ziffer Null ersetzen Sie durch ein Bild, zum Beispiel ein Ei:
0436
Ei brät mit Butter.

Alles klar? Dann sind Sie nun an der Reihe!

## *Probieren Sie es aus!*

Trauen Sie sich und bilden Sie Sätze für diese Zahlenkombinationen:

1) 4454

2) 30529

3) 123568

Beachten Sie, dass es nicht darauf ankommt, wie sinnvoll der Satz ist. Die verrücktesten Sätze bleiben uns am besten im Gedächtnis!

## ZAHLEN-SATZ-METHODE

Hier sind unsere Vorschläge:

1) Mein Hund liebt Käse.

2) Ein Ei steht im Zugabteil.

3) Morgenmuffel mit Hüten lachen fröhlich.

Auf welche Sätze sind Sie gekommen? Hatten Sie Spaß dabei, sich die Sätze auszudenken? Fiel es Ihnen leicht oder mussten Sie erst noch eine Weile nachdenken? Sie werden sehen: Mit ein bisschen Übung werden Sie bald zum Satztüftler!

## *Für unterwegs*

Machen Sie mal einen schönen Spaziergang durch Ihre Stadt oder Ihr Dorf!

Schauen Sie sich um und suchen Sie nach Hausnummern. Nehmen Sie die Ziffern zweier Häuser und denken Sie sich einen schönen Satz zu der Ziffernfolge aus.

Versuchen Sie auf diese Weise, sich möglichst viele Ziffernfolgen zu merken.

Wiederholen Sie Ihre Sätze immer wieder!
Wie viele Sätze und damit Hausnummern können Sie sich merken?

## ZAHLEN-SATZ-METHODE

Wenn Sie zu Hause angekommen sind, machen Sie den Test!

Wie viele Sätze sind Ihnen im Gedächtnis geblieben?

Erinnern Sie sich noch an die Häuser, die zu den Hausnummern gehören? Welche Sätze konnten Sie am leichtesten im Gedächtnis behalten?

**Ein kleiner Tipp:** Bilden Sie Sätze, die Ihnen gefallen, die Sie zum Lachen bringen oder die Sie an etwas Schönes erinnern. Stellen Sie sich ein Bild dazu vor und prägen Sie sich dieses ein, dann können Sie Ihre Sätze leichter in Erinnerung behalten.

## *Im Supermarkt*

Machen Sie eine Tour durch Ihren Supermarkt und schauen Sie sich die Preise der Lebensmittel an, die Sie häufig kaufen. Was kostet zum Beispiel die Milch, Ihr Lieblingskäse, der Kaffee, den Sie am liebsten trinken, oder die leckere Erdbeer-Marmelade, die bei keinem Frühstück fehlen darf?

Versuchen Sie nun, die Preise dieser Lebensmittel mithilfe der Zahlen-Satz-Methode auswendig zu lernen!

Fangen Sie mit vier Lebensmitteln an!

## ZAHLEN-SATZ-METHODE

**Noch ein Tipp:** Versuchen Sie, Sätze zu bilden, die inhaltlich mit den Produkten verknüpft sind, zu denen der Preis gehört.

Hier zeigen wir Ihnen einige Beispiele:

Milch: 0,69 € ›› Ei, Rinder schaukeln.

Käse: 2,95 € ›› Er schüttelt Milch.

Kaffee: 4,65 € ›› Mein Kaffee singt.

Marmelade: 1,29 € ›› Heidelbeeren schmecken.

Wie lauten Ihre Merksätze? Schaffen Sie es, sie bis zu Ihrem Zuhause zu behalten? Dann machen Sie nach einer Stunde, einem Tag und einer Woche nochmal den Test! Sie werden überrascht sein!

## *Alle meine Termine*

Nachfolgend haben wir Ihnen Ihre Termine für den heutigen Tag zusammengestellt:

1) Schornsteinfeger: 8.30 Uhr

2) Arzttermin: 9.45 Uhr

3) Termin bei der Bank: 11.10 Uhr

4) Abendessen mit Greta: 18.30 Uhr

Stellen Sie sich vor, Sie hätten Ihren Kalender verloren. Schaffen Sie es, mithilfe der Zahlen-Satz-Methode Ihre Termine im Kopf zu behalten?

## ZAHLEN-SATZ-METHODE

Versuchen Sie nun, Ihre Termine frei zu nennen, ohne die Karte noch einmal umzudrehen!

Hatten Sie Schwierigkeiten, passende Sätze zu bilden? Hier unsere Vorschläge:

1) Rußfleck auf Ei.

2) Hausärzte üben weben.

3) Bankberater zerstreuen.

4) Gaststättenpächter mag Ei.

Sollten Sie die vielen Eier in Ihren Sätzen stören, dann können Sie sich auch ein anderes Bild für die Ziffer Null ausdenken, zum Beispiel einen Ring. Mehr als drei Bilder sollten Sie aber nicht nutzen, um den Überblick nicht zu verlieren.

## Auf der Autobahn

Wenn Sie das nächste Mal mit dem Auto unterwegs sind, dann probieren Sie Folgendes aus:

Merken Sie sich die Nummernschilder der Autos mit der Zahlen-Satz-Methode. Die Buchstaben fügen Sie durch Wörter hinzu, die mit den Buchstaben des Kennzeichens beginnen, also zum Beispiel:

D-AN 2612

Ihr Satz könnte lauten: Der (D) Affe (A) nagt (N) an (2) blauen (6) Heidelbeeren (12).

## ZAHLEN-SATZ-METHODE

Sie werden sehen: So vergeht nicht nur die Fahrtzeit wie im Fluge, Sie regen dabei auch noch Ihre grauen Zellen an!

Sicher ist Ihnen schon aufgefallen, dass die Methode schwierig wird, wenn eine Ziffernfolge auf 1 endet. Hier könnten Sie wie bei der Ziffer Null ein Bild einsetzen, zum Beispiel ein Einhorn oder eine Kerze.

## *Adressen merken*

Bitte prägen Sie sich mithilfe der Zahlen-Satz-Methode diese Adressen ein:

1) Parkstraße 34

2) Potsdamer Straße 63

3) Waldweg 74

Dazu suchen Sie sich für jede Straße ein Bild, das Sie mit dem Namen assoziieren, also zum Beispiel eine Parkbank für die Parkstraße.

Ihr erster Satz beginnt dementsprechend mit:
Die Parkbank ...

... und dann geht es beispielsweise folgendermaßen weiter: ... ist leer.

Drehen Sie die Karte dann um!

## ZAHLEN-SATZ-METHODE

Können Sie die Adressen noch nennen?

Hier sind unsere Vorschläge für die zweite und dritte Adresse:

2) Das Schloss Sanssouci bricht ein.

3) Der Wald rauscht laut.

Machen Sie doch mal einen langen Spaziergang und suchen Sie Sätze für Straßen und Hausnummern, die Sie unterwegs finden!

## *Sonnige Grüße*

Schreiben Sie nun alle Adressen von Verwandten, Bekannten und Freunden auf, denen Sie Postkarten aus dem Urlaub schicken würden!

Jetzt erfinden Sie für alle Adressen einen Merksatz nach der Zahlen-Satz-Methode. Hier ist es hilfreich, wenn der Satz eine Verbindung zu der Person hat, der die Adresse gehört!

Lernen Sie diese Sätze auswendig. Wiederholen Sie sie immer mal wieder.

## ZAHLEN-SATZ-METHODE

Nachfolgend zwei Beispiele:

Ihr Freund Ulrich wohnt in der Hexengasse 55 und er raucht Pfeife. Dann wäre folgender Satz passend:

Die Hexe pafft Tabak.

Ihre Tochter ist Lehrerin und sie wohnt im Ludwigsweg 89. Wie wäre es dann mit:

Ludwig schreibt Klausuren.

Macht Spaß, oder? Trauen Sie sich, Ihr Adressbuch beim nächsten Urlaub zu Hause zu lassen?

## *Bitte PIN eingeben!*

Wer hat das noch nicht erlebt: Sie stehen irgendwo an der Kasse, am EC-Automaten oder im Restaurant und haben Ihre PIN vergessen, die Sie vor wenigen Minuten woanders noch problemlos eingegeben haben. Und jetzt ist sie weg, nicht mehr auffindbar in Ihrem Gedächtnis. Die Schlange hinter Ihnen wird immer länger und je mehr Leute Ihnen neugierig über die Schulter schauen, desto nervöser werden Sie!

Das ist ab sofort vorbei, denn Sie haben gleich Ihren persönlichen PIN-Merksatz!

## ZAHLEN-SATZ-METHODE

Denken Sie sich einen Merksatz für Ihre EC-Karten-PIN aus, den Sie nie wieder vergessen.

Wiederholen Sie den Satz immer wieder, jeden Tag, bis er Ihnen ganz vertraut ist. Stellen Sie sich das Bild, das Ihr Satz übermittelt, vor Ihrem geistigen Auge vor und verinnerlichen Sie es so!

Dieser Satz ist Ihre Versicherung gegen unangenehme Situationen an Kassen und Geldautomaten!

## *Der Bus kommt!*

Sie besuchen Ihre Freundin in einer fremden Stadt. Gerade sind Sie mit dem Bus angekommen und studieren nun den Fahrplan, um herauszufinden, welchen Bus Sie später nehmen müssen, um wieder nach Hause zu kommen. Leider ist eine Online-Recherche nicht möglich, da der PC Ihrer Freundin nicht über einen Internetanschluss verfügt. Und einen Stift haben Sie auch nicht zur Hand.

Merken Sie sich die beiden Zeiten, zu denen der Bus wieder zurückfährt:

1) 16.45 Uhr

2) 17.11 Uhr

## ZAHLEN-SATZ-METHODE

Wie wäre es mit:

1) Omnibusfahrpläne sind schön.

Und:

2) Omnibuspassagiere randalieren.

**Sie sehen:** Erinnerungstechniken kann man überall anwenden!

Vielleicht werden Sie jetzt denken: Ja gut, Zahlen kann ich mir mithilfe der Zahlen-Satz-Methode merken, aber was ist, wenn ich umsteigen muss, die Zahlen verschiedenen Stationen zuordnen soll?

Stimmt, dann wird es mit dieser Technik schwierig ... aber wir zeigen Ihnen ja auch noch so einiges. Warten Sie mal ab!